Dein persönliches Indianerhoroskop

BRAUNBÄR

Kenneth Meadows

Illustrationen von Jo Donegan

Verlag Hermann Bauer
Freiburg im Breisgau

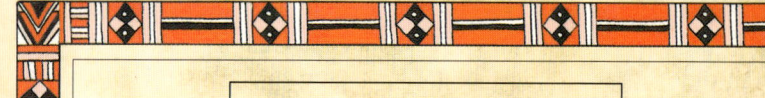

Die Deutsche Bibliothek – CIP-Einheitsaufnahme

Ein Titeldatensatz für diese Publikation ist bei
Der Deutschen Bibliothek erhältlich

Die amerikanische Originalausgabe erschien 1998 by Dorling Kindersley Limited,
London, unter dem Titel *The Little Library of Earth Medicine*
© Text: 1998 Kenneth Meadows

Konzeptentwicklung: GLS Editorial and Design, London
Redaktion: Jane Laing
Design: Ruth Shane, Luke Herriott
Lektorat: Claire Calman, Terry Burrows, Victoria Sorzano
Illustrationen S. 16, 17, 31: Roy Flooks; S. 38: John Lawrence
Fotoaufnahmen: Mark Hamilton
Fotos S. 8/9, 12, 14/15, 32: American Natural History Museum

Deutsch von Maria Müller, München
Lektorat: Sylvia Schaible

1. Auflage 2000
ISBN 3-7626-0773-7
© 2000 by Verlag Hermann Bauer GmbH & Co. KG, Freiburg i. Br.
Das gesamte Werk ist im Rahmen des Urheberrechtsgesetzes geschützt. Jegliche vom Verlag nicht
genehmigte Verwertung ist unzulässig. Dies gilt auch für die Verbreitung durch Film, Funk, Fernsehen, photomechanische Wiedergabe, Tonträger jeder Art, elektronische Medien sowie für auszugsweisen Nachdruck.
Satz: Fotosetzerei Scheydecker, Freiburg i. Br.
Druck und Bindung: L. Rex Printing Company Ltd., China
Printed in China

INHALT

Einführung in die Erd-Medizin 8
Das Medizinrad 10
Die zwölf Geburtszeiten 12
Die Bedeutung der Totems 14
Die zwölf Geburtstotems 16
Der Einfluss der Himmelsrichtungen 18
Der Einfluss der Elemente 20
Der Einfluss des Mondes 22
Der Einfluss des Energieflusses 24

Der Braunbär 25

Jahreszeit der Geburt: Zeit der Ernte 26
Das Geburtstotem: Der Braunbär 28
Der Braunbär und Beziehungen 30
Das Richtungstotem: Die Maus 32
Das Elementtotem: Die Schildkröte 34
Stein-Affinität: Topas 36
Baum-Affinität: Weissbuche 38
Farb-Affinität: Braun 40
Die Arbeit mit dem Medizinrad: Der Lebensweg 42
Die Arbeit mit dem Medizinrad: Die Macht der Medizin 44

EINFÜHRUNG
ERD-MEDIZIN

DIE INDIANER NORDAMERIKAS VERSTEHEN UNTER MEDIZIN KEINE ÄUSSERE SUBSTANZ, SONDERN EINE INNERE KRAFT – SOWOHL IN DER NATUR ALS AUCH IN JEDEM MENSCHEN.

Die Erd-Medizin ist eine einzigartige Methode zur Erstellung eines Persönlichkeitsprofils. Sie beruht auf dem indianischen Verständnis des Universums und den Prinzipien des heiligen Medizinrades.

Die Indianer Nordamerikas glaubten, daß der Geist – wenn auch unsichtbar – die Natur durchdringt, und so war ihnen die ganze Natur heilig. Tiere betrachteten sie als Boten des Geistes. Sie erschienen ihnen auch in Wachträumen und übermittelten Macht und Stärke – die »Medizin«. Wer solche Träume empfing, erwies der Tierart, die ihm erschienen war, seine Ehrerbietung, indem er auf zeremoniellen und Gebrauchsgegenständen ihr Abbild wiedergab.

Die Schamanenrassel

Schamanen verbanden sich mit Hilfe von Rasseln mit ihrem inneren Geist – hier die Rassel eines Tlingit-Schamanen.

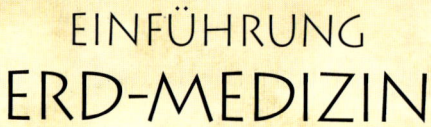

Die Natur im Menschen

Die indianischen Schamanen – die weisen Männer des Stammes – erkannten Ähnlichkeiten zwischen den Naturkräften, die in einer bestimmten Jahreszeit

»Der Geist hat dir die Möglichkeit geschenkt, in der Schule der Natur zu lernen.« *Lehre der Stoney*

vorherrschten, und den Menschen, die in dieser Zeit geboren wurden. Zudem entdeckten sie, wie die Persönlichkeit von den vier Mondphasen beeinflußt wird, und zwar sowohl bei der Geburt als auch im Laufe des weiteren Lebens. Auch der ständige Wechsel im Energiefluß von Aktiv zu Passiv wirkt sich auf den Menschen aus. Diese Weltsicht ist die Grundlage der Erd-Medizin; mit ihrer Hilfe können wir erkennen, wie die Dynamik der Natur in uns wirkt und wie wir unsere angeborenen, als Potential bereits vorhandenen Stärken entwickeln können.

MEDIZINRÄDER

In den kulturellen Traditionen der Indianer gab es eine Reihe von kreisförmigen Symbolbildern und -objekten. Diese heiligen Kreise wurden Medizinräder genannt – wegen ihrer Ähnlichkeit mit den Speichenrädern der Wagen, die die Siedler ins Herz des Landes brachten, das einst Eigentum der Ureinwohner war. Jedes Medizinrad zeigte die Verbindung zwischen unterschiedlichen Objekten oder Eigenschaften innerhalb eines größeren Ganzen und die Bewegung der verschiedenen Kräfte und Energien darin.

Ein Medizinrad könnte man als das »Meisterrad« betrachten, denn es wies auf das Gleichgewicht der Natur und den besten Weg hin, in Harmonie mit dem Universum und mit sich selbst zu gelangen. Auf diesem Meisterrad baut auch die Erd-Medizin auf (s. S. 10–11).

Tierornament
Für die Anasazi, die dieses Ornament schnitzten, war der Frosch ein Symbol für Anpassungsfähigkeit.

Festtagsschale
Stilisierte Bären-Schnitzereien schmücken diese Festtagsschale der Tlingit. Bei den Indianern galt der Bär als Symbol für Stärke und Selbständigkeit.

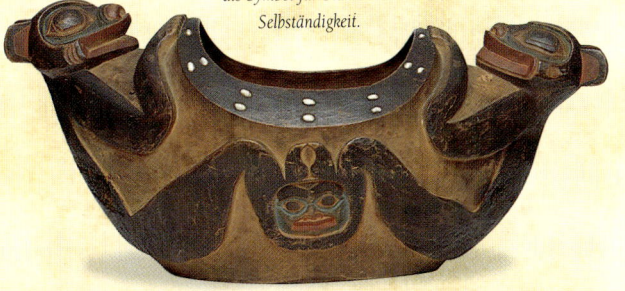

DAS MEDIZINRAD

*Das äußere Rad ist in zwölf Geburtszeiten aufgeteilt. Jede hat ihr eigenes Tiertotem und eine Affinität zu einem ganz bestimmten Stein, einem Baum und zu einer Farbe.
An der Nabe des Rades liegt – umgeben von Darstellungen der Elemente, der Himmelsrichtungen und des Energieflusses – das Wakan-Tanka, das Symbol der unsichtbaren Energien, die in der physischen Realität Gestalt annehmen.*

Jahreszeit der Geburt
Jeder der zwölf Abschnitte des Rades steht in Bezug zu einer bestimmten Zeit des Jahres (s. S. 12–13).

Wakan-Tanka
Mit diesem mächtigen Symbol stellten manche Stämme Energie dar, die Form annimmt (s. S. 24).

OSTEN: FRÜHLING

Stein-Affinität
Jeder Geburtszeit entspricht ein bestimmter Stein (s. S. 14–15).

Baum-Affinität
Jede Geburtszeit hat einen Bezug zu einer bestimmten Baumart (s. S. 14–15).

Geburtstotem
Jede Geburtszeit wird durch ein Tiertotem verkörpert (s. S. 16–17).

Richtungstotem
Jede Geburtszeit steht unter dem Einfluß einer der vier Himmelsrichtungen (s. S. 18–19).

Grundelement
Jede Geburtszeit wird grundlegend von einem der vier Elemente beeinflußt (s. S. 20–21).

Energiefluß
In jeder Geburtszeit fließt Energie im Wechsel zwischen Aktiv und Rezeptiv (s. S. 24).

Elementaspekt
Jede Geburtszeit hat ihren eigenen Elementaspekt (s. S. 20–21).

SÜDEN: SOMMER

DIE ZWÖLF GEBURTSZEITEN

DIE STRUKTUR DES MEDIZINRADES BAUT AUF DEN JAHRESZEITEN AUF UND SPIEGELT SO DEN MÄCHTIGEN EINFLUSS DER NATUR AUF DIE PERSÖNLICHKEIT DES MENSCHEN WIDER.

Das Medizinrad unterteilt die menschliche Natur in zwölf Persönlichkeitstypen; jeder Typ entspricht der Natur zu einer bestimmten Zeit des Jahres. Das Medizinrad ist eine Art Landkarte, mit deren Hilfe wir unsere Stärken und Schwächen, unsere inneren Triebe, instinktiven Verhaltensweisen und auch unser wahres Potential entdecken können.

Grundlage dieser Struktur sind die vier Jahreszeiten, unterteilt durch Winter- und Sommersonnenwende sowie Frühlings- und Herbst-Tagundnachtgleiche. Jede Jahreszeit steht als Metapher für eine Phase der menschlichen Entwicklung. Der Frühling ähnelt der Kindheit, dem neuen Leben. Der Sommer entspricht der Überschwenglichkeit der Jugend und dem raschen Wachstum. Der Herbst wiederum steht für die Fülle und Erfüllung des reifen Lebens als Erwachsener, während der Winter die angesammelte Weisheit symbolisiert, auf die wir später im Leben zurückgreifen können.

Jede der vier Jahreszeiten im Medizinrad wird wiederum in drei Perioden unterteilt, so daß insgesamt zwölf Abschnitte entstehen. Die Zeit der Geburt bestimmt die Richtung, aus der wir das Leben wahrnehmen, und die Eigenschaften

Jahreszeiten-Riten
Bei der Zeremonie zur Wintersonnenwende trugen die Irokesen Masken aus geflochtenen Maishülsen. Sie stimmten sich im Tanz auf die Energien ein, die für eine gute Ernte sorgen sollten.

DIE ZWÖLF ZEITABSCHNITTE

der Natur in dieser Jahreszeit spiegeln sich in der Kernpersönlichkeit wider.

Jeder der zwölf Zeitabschnitte – oder jede Geburtszeit – wird nach einer Eigenschaft, einem besonderen Kennzeichen des Jahreszyklus benannt. So heißt etwa die Zeit nach der Frühlings-Tagundnachtgleiche Zeit des Erwachens, denn jetzt ist neues Wachstum angesagt; die Zeit nach der Herbst-Tagundnachtgleiche verdankt ihren Namen den fallenden Blättern, die für sie so charakteristisch sind.

DIE BEDEUTUNG DER
TOTEMS

DIE INDIANER NORDAMERIKAS GLAUBTEN, DASS TOTEMS
– ALSO TIERSYMBOLE – ESSENTIELLE WAHRHEITEN UND DIE
VERBINDUNG ZU DEN KRÄFTEN DER NATUR VERKÖRPERN.

Ein Totem ist ein Tier bzw. ein natürliches Objekt, das wie ein Emblem bestimmte typische Eigenschaften verkörpert. Für die Indianer waren Tiere, deren Verhalten vorhersehbar ist, besonders hilfreich für die Kategorisierung von menschlichen Verhaltensmustern.

Ein Totem spiegelt bestimmte Aspekte der Persönlichkeit wider und ist ein Schlüssel zum intuitiven Wissen, das jenseits allen intellektuellen Denkvermögens liegt. Ein Totem kann geschnitzt oder auf andere Art gestaltet sein, ein Bildnis oder z.B. ein Stück Fell, eine Feder, ein Knochen, ein Zahn oder eine Klaue. Es dient als unmittelbare Verbindung zu den Energien, für die es steht. Deshalb ist ein Totem wirksamer als etwa eine Skulptur oder ein Symbol, um die nicht-physischen Mächte und gestaltenden Kräfte zu verstehen.

HAUPTTOTEMS

In der Erd-Medizin gibt es drei Haupttotems: ein Geburtstotem, ein Richtungstotem und ein Elementtotem. Das *Geburtstotem* verkörpert die Grundeigenschaften eines Menschen; sie entsprechen den dominanten Aspekten der Natur zur Zeit seiner Geburt.

Alle zwölf Geburtstotems, die sich jeweils auf eine bestimmte Geburts-

Symbol der Stärke
In den Griff dieses Messers der Tlingit si[nd] der Kopf eines Raben und eines Bären ge[-] schnitzt, Symbole der Einsicht und Stärk[e]

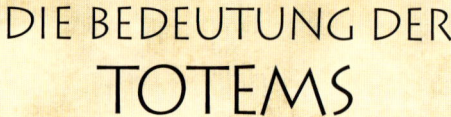

zeit beziehen, werden auf den Seiten 16–17 beschrieben.

Mit dem *Richtungstotem* stimmen wir uns auf die inneren Sinne ein, die über die Hauptantriebskraft unserer Bemühungen bestimmen. Jede der vier Jahreszeiten auf dem Medizinrad entspricht einer der vier Himmelsrichtungen, und jede Himmelsrichtung wird wiederum durch ein Totem verkörpert. So wird z.B. der Frühling mit dem Osten gleichgesetzt, wo die Sonne aufgeht. Er steht für eine neue Sicht der Dinge; sein Totem ist der Adler. Die vier Richtungstotems werden auf den Seiten 18–19 erläutert.

Das *Elementtotem* steht in einem Bezug zu instinktiven Verhaltensweisen. Die Grundeigenschaften der vier Elemente – Feuer, Wasser, Erde und Luft – sowie ihre Totems werden auf den Seiten 20–21 ausführlich erklärt.

Siegertotem

Häuptlinge oder Krieger der Fox-Indianer trugen ein Halsband aus Bärenklauen.

DREI AFFINITÄTEN

Jede Geburtszeit hat außerdem eine Affinität zu einem bestimmten Stein, einem Baum und einer Farbe (s. S. 36–41). Über diese drei Affinitäten läßt sich in schwierigen Zeiten neue Kraft schöpfen.

»Wenn ein Mensch Erfolg haben will, sollte er sich nicht von seinen Neigungen leiten lassen, sondern von seinem Wissen um das Wesen der Tiere...« *Lehre der Teton-Sioux*

DIE ZWÖLF
GEBURTSTOTEMS

JEDE DER ZWÖLF GEBURTSZEITEN WIRD DURCH EIN TOTEM VERKÖRPERT – DURCH EIN TIER, DAS DIE FÜR SIE TYPISCHEN EIGENSCHAFTEN AM BESTEN ZUM AUSDRUCK BRINGT.

Die Erd-Medizin verbindet mit jeder Geburtszeit ein Totem. Jeder Abschnitt umfaßt zwei Zeitspannen – für die nördliche und die südliche Hemisphäre. Diese Totemtiere unterstützen die Verbindung zu den jeweiligen Kräften und Fähigkeiten, für die sie stehen. Eine detaillierte Beschreibung des Braunbär-Geburtstotems findet sich auf den Seiten 28–29.

FALKE
21. März – 19. April (N. Hem.)
22. Sept. – 22. Okt. (S. Hem.)
Falken ergreifen gern die Initiative, sind aber mit ihren Entschlüssen oft etwas voreilig, so daß sie sie später bedauern. Sie sind lebhaft und extrovertiert und lassen sich leicht für neue Erfahrungen begeistern, aber manchmal fehlt es ihnen an Durchhaltevermögen.

HIRSCH
21. Mai – 20. Juni (N. Hem.)
23. Nov. – 21. Dez. (S. Hem.)
Der Hirsch ist bereit, das Alte dem Neuen zu opfern. Er verabscheut jegliche Routine, blüht auf bei Abwechslung und Herausforderungen. Hirsche haben auch eine wilde Seite, sie sind sprunghaft und stürzen sich oft unüberlegt von einer Sache oder Beziehung in die nächste.

BIBER
20. April – 20. Mai (N. Hem.)
23. Okt. – 22. Nov. (S. Hem.)
Biber sind praktisch veranlagt und beständig, zudem ziemlich ausdauernd und beharrlich. Sie sind gut im Haushalt, voller Wärme und Zärtlichkeit, brauchen jedoch Harmonie und Frieden, um nicht reizbar zu werden. Sie haben einen stark ausgeprägten Sinn für Ästhetik.

SPECHT
21. Juni – 21. Juli (N. Hem.)
22. Dez. – 19. Jan. (S. Hem.)
Mit ihrer Emotionalität und Sensibilität bringen Spechte ihnen nahestehenden Menschen viel Wärme entgegen, stellen auch bereitwillig ihre Bedürfnisse gegenüber deren Wünschen zurück. Sie haben eine lebhafte Phantasie, neigen aber auch dazu, sich zu viele Sorgen zu machen.

LACHS
22. Juli – 21. August (N. Hem.)
20. Jan. – 18. Febr. (S. Hem.)
Lachs-Geborene sind begeisterungsfähig und voller Selbstvertrauen. Sie haben gern das Sagen, sind kompromißlos und voller Kraft; manchmal wirken sie ein wenig arrogant oder nehmen sich selbst zu wichtig. Wenn sie sich vernachlässigt fühlen, sind sie schnell verletzt.

EULE
23. Nov. – 21. Dez. (N. Hem.)
21. Mai – 20. Juni (S. Hem.)
Eulen haben ein starkes Bedürfnis, sich frei auszudrücken. Sie sind lebhafte Menschen voller Selbstvertrauen und haben einen guten Blick fürs Detail. Sie sind wißbegierig und anpassungsfähig, neigen aber auch dazu, sich selbst zu überfordern. Oft sind Eulen-Menschen auch sehr mutig.

BRAUNBÄR
22. Aug. – 21. Sept. (N. Hem.)
19. Febr. – 20. März (S. Hem.)
Braunbären sind hart arbeitende, praktisch veranlagte und selbstbewußte Menschen. Wandel und Veränderung mögen sie nicht besonders; sie halten sich lieber an Altbekanntes und Vertrautes. Braunbär-Geborene bringen gern Dinge in Ordnung; sie sind gutmütig und gute Freunde.

GANS
22. Dez. – 19. Jan. (N. Hem.)
21. Juni – 21. Juli (S. Hem.)
Gans-Menschen sind Idealisten mit Weitblick und bereit, das Unbekannte zu erforschen. Sie gehen das Leben mit Enthusiasmus an, entschlossen, ihre Träume zu verwirklichen. Gans-Geborene haben einen Hang zum Perfektionismus und wirken manchmal gar zu ernsthaft.

KRÄHE
22. Sept. – 22. Okt. (N. Hem.)
21. März – 19. April (S. Hem.)
Krähen sind nicht gern allein, sondern fühlen sich in Gesellschaft am wohlsten. Normalerweise sind sie gutmütige und angenehme Zeitgenossen, doch in einer negativen Atmosphäre werden sie leicht kratzbürstig und trübselig.

OTTER
20. Jan. – 18. Febr. (N. Hem.)
22. Juli – 21. Aug. (S. Hem.)
Otter-Geborene sind freundliche, lebhafte und einfühlsame Menschen. Durch zu viele Regeln und Vorschriften fühlen sie sich behindert; deshalb machen sie oft einen etwas exzentrischen Eindruck. Sie schätzen Sauberkeit und Ordnung und haben originelle Ideen.

SCHLANGE
23. Okt. – 22. Nov. (N. Hem.)
20. April – 20. Mai (S. Hem.)
Im Zeichen der Schlange Geborene sind verschlossene, mysteriöse Menschen, die ihre Gefühle hinter einem kühlen Äußeren verbergen. Dank ihrer Anpassungsfähigkeit, Entschlußkraft und Phantasie kommen sie auch in schwierigen Lebenssituationen immer wieder auf die Beine.

WOLF
19. Febr. – 20. März (N. Hem.)
22. Aug. – 21. Sept. (S. Hem.)
Wolf-Menschen sind sensibel, intuitiv und künstlerisch veranlagt; an sie wendet man sich gern, wenn man Hilfe braucht. Sie schätzen die Freiheit und ihren Freiraum, lassen sich aber leicht von anderen beeinflussen. Sie haben eine philosophische Ader, sind vertrauensvoll und aufrichtig.

DER EINFLUSS DER
HIMMELSRICHTUNGEN

DER EINFLUSS DER VIER HIMMELSRICHTUNGEN – VON DEN
INDIANERN NORDAMERIKAS AUCH DIE VIER WINDE GENANNT –
WIRD ÜBER INNERE EMPFINDUNGEN WAHRGENOMMEN.

Die vier Himmelsrichtungen, die »Hüter« bzw. »Behüter« des Universums, wurden von den Indianern auch als die vier Winde bezeichnet, da ihre Präsenz eher gespürt als gesehen werden kann.

RICHTUNGSTOTEMS

In der Erd-Medizin ist jeder Himmelsrichtung bzw. jedem Wind eine Jahreszeit und eine Tageszeit zugeordnet. Die sommerlichen Geburtszeiten – die Zeit der Langen Tage, der Reife und der Ernte – gehören alle zum Süden und zum Nachmittag. Die Himmelsrichtung der Geburtszeit beeinflußt die Natur der inneren Empfindungen.

Der Osten ist die Himmelsrichtung des Frühlings und des Morgens; er wird mit Licht und Erleuchtung assoziiert. Sein Totem ist der Adler – ein Vogel, der hoch zur Sonne aufsteigt und aus der Höhe alles klar sehen kann.

Der Süden ist die Himmelsrichtung des Sommers und des Nachmittags. Er steht in einem Bezug zu Wachstum und Erfüllung, Fließendem und Emotionen. Sein Totem, die Maus, gilt als Symbol für

> »Denke daran ... der Kreis des Himmels, die Sterne, die übernatürlichen Winde, die Tag und Nach atmen ... die vier Himmelsrichtungen.« *Lehre der Pawnee*

Die vier Himmelsrichtungen

Jede Himmelsrichtung steht in Beziehung zu einer Jahreszeit, einer Tageszeit und auch zu einer Grundfunktion: der Osten zu Entscheiden, der Süden zu Geben, der Westen zu Halten und der Norden zu Empfangen.

Fruchtbarkeit, Gefühle und für die Gabe der detaillierten Wahrnehmung.

Der Westen ist die Himmelsrichtung des Herbstes und des Abends. Er steht für Transformation – vom Tag zur Nacht, vom Sommer zum Winter – und die Fähigkeit zur Innenschau, zum Bewahren und Erhalten. Das Totem des Westens ist der Grizzlybär, der innere Kraft verkörpert.

Der Norden schließlich ist die Himmelsrichtung des Winters und der Nacht; er entspricht dem Geist und geistiger »Nahrung« – also Wissen. Sein Totem ist der von den Indianern hoch verehrte Büffel.

DER EINFLUSS DER ELEMENTE

DIE VIER ELEMENTE – LUFT, FEUER, WASSER UND ERDE – DURCHDRINGEN ALLES UND WEISEN AUF DIE NATUR DER BEWEGUNG UND DIE ESSENZ DESSEN HIN, DER DU BIST.

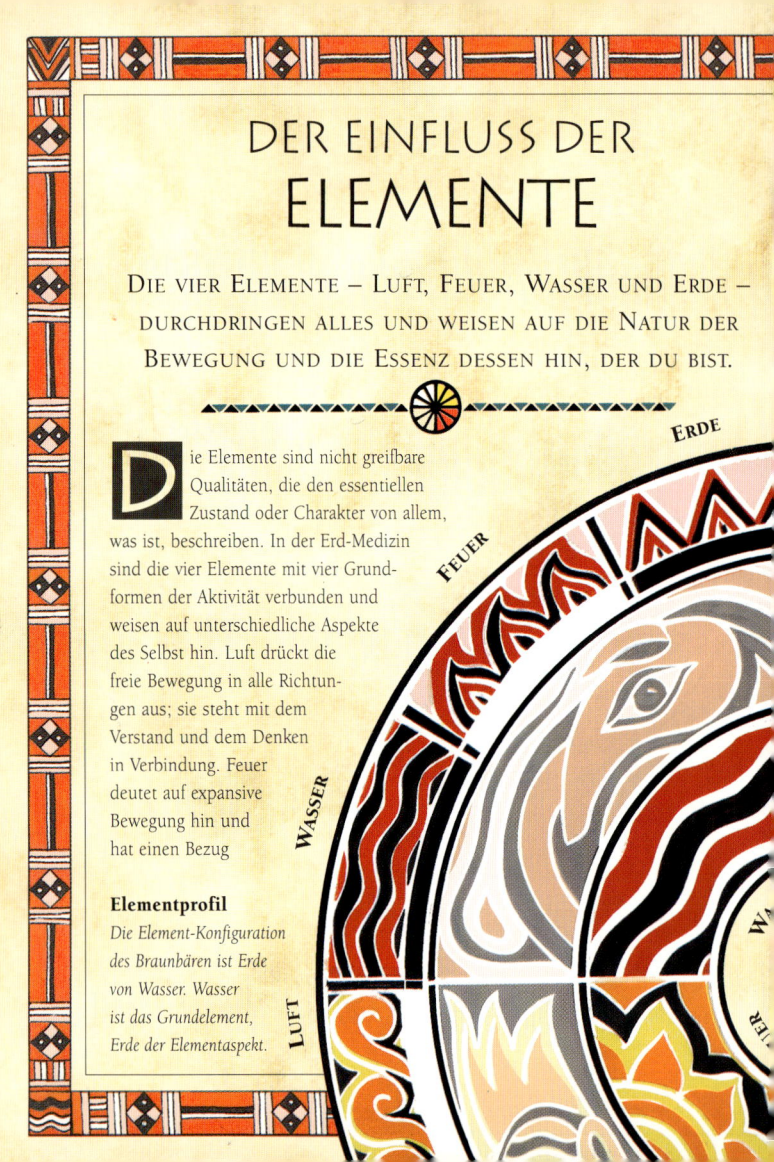

Die Elemente sind nicht greifbare Qualitäten, die den essentiellen Zustand oder Charakter von allem, was ist, beschreiben. In der Erd-Medizin sind die vier Elemente mit vier Grundformen der Aktivität verbunden und weisen auf unterschiedliche Aspekte des Selbst hin. Luft drückt die freie Bewegung in alle Richtungen aus; sie steht mit dem Verstand und dem Denken in Verbindung. Feuer deutet auf expansive Bewegung hin und hat einen Bezug

Elementprofil

Die Element-Konfiguration des Braunbären ist Erde von Wasser. Wasser ist das Grundelement, Erde der Elementaspekt.

zur geistigen Ebene und zur Intuition. Wasser bedeutet Fließen; es steht mit der Seele und den Emotionen in Beziehung. Die Erde schließlich symbolisiert Stabilität und entspricht dem physischen Körper und den Empfindungen.

ZUORDNUNG DER ELEMENTE

Auf dem Medizinrad steht jedes Element für eine Himmelsrichtung – Feuer im Osten, Erde im Westen, Luft im Norden und Wasser im Süden. Dies sind die vier Grundelemente. Dann gibt es noch die Elementaspekte, nämlich die Verbindung der vier Elemente mit den zwölf einzelnen Geburtszeiten. Sie folgen im Medizinrad zyklisch aufeinander, Grundlage ist die Einwirkung der Sonne (Feuer) auf die Erde, woraus Atmosphäre (Luft) und Kondensation (Wasser) entstehen.

Die drei Geburtszeiten, die einen Elementaspekt gemeinsam haben, gehören der gleichen Elemente-Familie bzw. einem »Klan« an und haben ein Totem, das die wesentlichen Eigenschaften aufzeigt. Braunbär-Geborene gehören zum Schildkröten-Klan (s. S. 34–35).

ELEMENTBETONUNG

Bei jeder Geburtszeit dominieren normalerweise die Eigenschaften des Elementaspektes die des Grundelementes, obgleich beide zu der ganz speziellen Konfiguration beitragen (für den Braunbären s. S. 34–35). Bei Falke, Specht und Otter sind das Grundelement und der Elementaspekt identisch (z. B. Luft von Luft); Menschen mit diesen Totems verleihen ihrem Element einen sehr intensiven Ausdruck.

DER EINFLUSS DES MONDES

DER ZU- UND ABNEHMENDE MOND WÄHREND DER VIER MONDPHASEN WIRKT ENTSCHEIDEND AUF DIE PERSÖNLICHKEITSBILDUNG UND DAS STREBEN DES MENSCHEN EIN.

Für die Indianer zeigten Sonne und Mond die aktiven bzw. rezeptiven, also empfangenden Energien in der Natur (s. S. 24) an. Mit ihrer Hilfe wurde auch die Zeit »gemessen«. Der Einfluß der Sonne wurde mit bewußter Aktivität, mit Verstand und Willenskraft in Verbindung gebracht; der Einfluß des Mondes stand für unbewußte Aktivität und für die emotionalen und intuitiven Aspekte der menschlichen Natur.

Der zunehmende Mond
Diese Mondphase dauert ungefähr elf Tage an. Sie leitet eine Zeit des Wachstums ein und ist somit ideal für das Entwickeln neuer Ideen und die Konzentration auf neue Projekte.

Der Vollmond
In der Vollmondphase – ungefähr drei Tage – erreicht die Kraft des Mondes ihren Höhepunkt. Jetzt kann das, was in der zunehmenden Mondphase entwickelt wurde, vollendet werden.

DIE VIER MONDPHASEN

Der 29tägige Mondzyklus ist in vier Phasen unterteilt. Jede Phase ist Ausdruck einer bestimmten Form von Energie, vergleichbar mit den Wachstumsphasen einer Blütenpflanze im Lauf der Jahreszeiten: knospen (zunehmender Mond), volle Blüte (Vollmond), verwelken (abnehmender Mond) und keimen (Neumond). Der Einfluß dieser Phasen macht sich in der Entwicklung der Persönlichkeit, aber auch im Alltag bemerkbar.

Die Energie des Mondes zum Zeitpunkt der Geburt wirkt sich stark auf die Persönlichkeit aus. So sind beispielsweise Menschen, die bei Neumond geboren wurden, eher introvertiert, während Vollmond-Geborene sich im allgemeinen stärker nach außen orientieren. Wer bei zunehmendem Mond geboren wurde, ist eher extrovertiert, wer bei abnehmendem Mond zur Welt kam, dagegen eher reserviert und zurückhaltend. Mit Hilfe einer Mondtabelle kann jeder seinen persönlichen Mondstand am Tag der Geburt herausfinden.

Auch auf den Alltag kann sich eine harmonische Einstimmung auf die Mondphasen sehr positiv auswirken. Durch bewußtes Arbeiten mit den vier Phasen lassen sich die jeweiligen Energien erfahren. Die Abbildungen und Texte unten beschreiben eine indianische Sichtweise der Auswirkungen der vier Phasen des Mondes auf das Leben des Menschen.

Der abnehmende Mond
Dies ist die Zeit für Veränderungen. Diese Phase – etwa elf Tage – eignet sich gut für Verbesserungen, Umstellungen und um unnötigen Ballast abzuwerfen.

Der Neumond
Ungefähr vier Tage lang ist der Mond vom Himmel verschwunden. Dies ist die Zeit für kontemplative Betrachtung des Erreichten und für das Keimen von Neuem.

DER EINFLUSS DES ENERGIEFLUSSES

DAS MEDIZINRAD SPIEGELT DAS VOLLKOMMENE GLEICHGEWICHT DER AKTIVEN UND REZEPTIVEN ENERGIEN WIDER, DIE EINANDER IN DER NATUR ERGÄNZEN.

Energie durchfließt die Natur auf zwei komplementäre Arten, die man als aktiv und rezeptiv bzw. männlich und weiblich bezeichnen kann. Das aktive Energieprinzip hat einen Bezug zu den Elementen Feuer und Luft, das rezeptive Prinzip zu Wasser und Erde.

Bei allen zwölf Geburtszeiten ist eine aktive oder rezeptive Energie mit dem jeweiligen Elementaspekt verbunden. Die beiden Energieprinzipien wechseln einander auf dem Medizinrad ab und schaffen so ein Gleichgewicht von aktiven und rezeptiven Energien, wie es auch in der Natur besteht.

Aktive Energie entspricht der Sonne und bewußtem Handeln. Unter diesem Prinzip geborene Menschen streben nach Erfahrung. Sie sind begrifflich orientiert, tatkräftig, extrovertiert, praktisch veranlagt und denken analytisch. Die rezeptive Energie wird mit dem Mond in Verbindung gebracht sowie mit unbewußtem Handeln. Solche Menschen lassen Erfahrungen lieber auf sich zukommen. Sie sind intuitiv, nachdenklich und emotional veranlagt, wollen umsorgen und bewahren.

DAS WAKAN-TANKA

Im Herzen des Medizinrades liegt in einem Kreis die S-Form, das Symbol für die Quelle, die allem Leben spendet, was auch immer eine physische Form annimmt – scheinbar aus dem Nichts. Die Prärie-Indianer Nordamerikas nannten es Wakan-Tanka – die Große Macht. Diese Kraft läßt sich auch als Energie verstehen, die Form annimmt, oder als Form, die wieder zu Energie wird – im unendlichen Fluß des Lebens.

JAHRESZEIT DER GEBURT
ZEIT DER ERNTE

DIE DRITTE GEBURTSZEIT DES SOMMERS MIT IHRER FRUCHTBARKEIT VERLEIHT DEN JETZT GEBORENEN MENSCHEN IHRE GROSSZÜGIGKEIT UND IHREN FLEISS.

Die Zeit der Ernte gehört zu den zwölf Geburtszeiten, die das Jahr in zwölf Jahreszeiten-Abschnitte unterteilen (s. S. 12–13). In dieser dritten Periode des Sommerzyklus nimmt die Kraft der Sonne bereits ab, und mit dem nahenden Herbst werden die Tage wieder kürzer. In dieser Zeit wird geerntet, was im Frühling gesät worden ist.

EINFLUSS DER NATUR
Die charakteristischen Eigenschaften der Natur zu diesem Zeitpunkt zeigen sich auch in der Natur des Menschen, der in dieser Zeit das Licht der Welt erblickt.

So wie uns die Natur jetzt ihre Früchte schenkt, sind auch Menschen, die in der Zeit der Ernte geboren werden, anderen Menschen gegenüber großzügig. Zugleich achten sie aber darauf, die Früchte ihrer eigenen Anstrengungen zu ernten. Ihnen ist bewußt, daß die Qualität der Ernte vor allem davon abhängt, wie sorgsam die Pflanzen gehegt wurden. So setzen sie viel Energie ein, um ihre Talente zu entdecken und zu verfeinern, damit sie ihr Potential voll verwirklichen können. Ihrer Überzeugung nach kann jeder im Leben nur soviel gewinnen, wie er bereit ist, an eigener Anstrengung beizutragen.

Jetzt werden die Nächte wieder länger; Herbst und Winter stehen bevor. Auf diese Zeit sollten wir uns mit allem, was uns an materiellen Gütern zur Verfügung steht, sorgsam vorbereiten. In diesem Sinn schätzen auch Braunbär-Menschen den Wert materieller Dinge und wollen sich damit Sicherheit schaffen.

LEBENSPHASE

Diese Zeit des Jahres entspricht dem Lebensabschnitt, in dem wir als Erwachsene eine gewisse Reife erreicht haben. Entwicklungsgeschichtlich gesehen, ist dies eine Zeit der Selbstanalyse und der harten Arbeit. Jetzt werden praktische Fähigkeiten entwickelt und verfeinert. Auch das Wissen und die Erfahrungen aus der Kindheit und den frühen Erwachsenenjahren erweisen sich jetzt als wertvoll. In dieser Zeit gehen wir mit mehr Vorsicht und Geduld als früher an das Leben heran.

SEIN POTENTIAL VERWIRKLICHEN

Braunbär-Geborene mit ihrer Sorgfalt und Erdverbundenheit leben auf, wenn sie in einem familiären Umfeld verwurzelt sind und ihren Platz gefunden haben. Sie sind äußerst gewissenhafte und zuverlässige

Die Energie der Natur
In diesem letzten Sommerzyklus vor der Herbst-Tagundnachtgleiche schenkt uns die Natur die Früchte der Erde. Wilde Beeren reifen heran, das Getreide steht kurz vor der Ernte.

Menschen. Das Wohlbefinden ihrer Mitmenschen liegt ihnen sehr am Herzen, und so gelten sie als loyale und verläßliche Freunde.

Braunbär-Menschen sollten darauf achten, daß ihre Angst vor Neuem und Unbekanntem sie nicht daran hindert, gelegentlich auch einmal »auszubrechen«. Zuviel Analysieren von Situationen oder Problemen führt manchmal zu noch mehr Verwirrung. Deshalb müssen sie lernen, ihren Instinkten und Gefühlen genauso zu vertrauen wie ihrem Verstand.

»*Das Leben ist ein Kreis von Kindheit zu Kindheit; so ist es mit allem, in dem Kraft fließt.*« Lehre des Black Elk

DAS GEBURTSTOTEM
DER BRAUNBÄR

DAS WESEN UND DAS CHARAKTERISTISCHE VERHALTEN DES BRAUNBÄREN SIND AUSDRUCK DER PERSÖNLICHKEIT VON MENSCHEN, DIE IN DER ZEIT DER ERNTE GEBOREN WERDEN.

Wie ihr Totemtier, der Braunbär, sind Menschen, die in der Zeit der Ernte geboren werden, gutmütig und voller Energie. Mit ihrem unabhängigen, rücksichtsvollen, sorgfältigen und bescheidenen Wesen brauchen sie eine sichere, geordnete Umgebung, um sich wohl zu fühlen.

Braunbär-Menschen sind selbständig, äußerst gewissenhaft und fürsorglich – im Umgang mit Menschen und in ihrer Arbeit. Ihre Vorliebe für Routine und alles Vertraute macht sie zu loyalen, verläßlichen und hart arbeitenden Zeitgenossen. Veränderungen gegenüber sind sie nicht sehr aufgeschlossen. Mit ihrer konstruktiven und praktischen Art und ihrem Auge fürs Detail haben sie Talent zum Analysieren und können große Aufgaben und Probleme in kleine, besser überschaubare Bereiche aufteilen. Sie sollten aber darauf achten, daß sie sich nicht zu sehr auf ein Detail versteifen und damit den Blick für das Ganze verlieren.

Ihre Bescheidenheit und Großzügigkeit anderen gegenüber kann bisweilen dazu führen, daß sie ihre eigenen Fähigkeiten und ihr Potential unterbewerten. Damit unterschätzen sie auch ihre Ideen und können ihre Träume und Wünsche dann nicht in die Realität umsetzen. Zudem erkennen andere manchmal ihr Talent nicht an, nutzen aber die Gutmütigkeit der Braunbär-Menschen aus. Sie sollten sich ruhig ab und zu selbst loben und auch einmal nein sagen, wenn die Erwartungen der anderen ihnen zuviel werden und sie belasten.

Gesundheit

Wegen ihrer Vorliebe für praktische und handwerkliche Tätigkeiten sind vor allem Hände und Füße anfällig für Verletzungen. Unsicherheit und die Unfähigkeit, ihre wahren Gefühle auszudrücken, können auch zu Magen- und Darmstörungen sowie Hautproblemen führen.

Braunbär-Stärke

Der Braunbär verkörpert die kraftvolle Seite der fürsorglichen und verläßlichen Menschen, die in dieser Zeit geboren werden.

DER BRAUNBÄR UND
BEZIEHUNGEN

DIE FÜRSORGLICHEN UND VERLÄSSLICHEN BRAUNBÄR-MENSCHEN WERDEN ALS FREUNDE SEHR GESCHÄTZT. SIE SIND WARMHERZIGE UND LOYALE PARTNER, VERBERGEN ABER GERN IHRE GEFÜHLE.

Wie ihr Totemtier sind die kraftvollen, gutmütigen Braunbär-Geborenen sehr selbständig und zeigen gern ihre Unabhängigkeit. Ihre rücksichtsvolle und gewissenhafte Art macht sie zu guten Freunden und Kollegen. Konstruktiv, wie sie sind, schlichten sie oft Streit und bauen Spannungen ab. Sie drängen sich nicht gern auf und wirken manchmal kühl; das macht sie zeitweise auch einsam.

LIEBESBEZIEHUNGEN

Braunbären sind hingebungsvolle und liebevolle Partner, brauchen aber meist viel Zeit, bis sie sich auf eine Beziehung einlassen. Sowohl der Braunbär-Mann als auch die Braunbär-Frau sind großzügige und vernünftige Menschen; beide haben eine Vorliebe für vertraute Abläufe und eine Abneigung gegen Veränderungen. Meist sind sie sanfte, zärtliche Liebhaber und nehmen viel Rücksicht auf die Bedürfnisse des Partners.

Die Ursache von Beziehungsproblemen liegt oft in ihrer Unfähigkeit, Emotionen auszudrücken. Tiefe Gefühle sind ihnen nicht geheuer, und so wirken sie manchmal kühl und unnahbar; das kann zu Mißverständnissen und Verwirrung führen. Außerdem kann ihre Abneigung gegen Veränderungen andere frustrieren.

UMGANG MIT DEM BRAUNBÄREN

Braunbären hassen Unsicherheit, sie wollen immer wissen, was los ist. Wer ihnen dabei hilft, ihre originellen Ideen und Pläne in die Praxis umzusetzen, bindet sie an sich. Starke Emotionen sollten Braunbären nicht zu schnell gezeigt werden, sonst ergreifen sie die Flucht. Mit Sanftheit und Geduld kann man jedoch ihr Vertrauen gewinnen.

DER BRAUNBÄR UND DIE LIEBE

Braunbär und Falke: Die Beständigkeit des Braunbären paßt nicht ganz zur Impulsivität des Falken, dennoch kann es zu einer anregenden Partnerschaft kommen.

Braunbär und Biber: Die beiden brauchen Zeit, um miteinander warm zu werden; dank ihrer ähnlichen Lebensanschauungen dürften sie aber gut miteinander auskommen.

Braunbär und Hirsch: Nachdem es am Anfang mächtig gefunkt hat, dürfte diese Beziehung schwierig werden, doch der lebhafte Hirsch bringt mehr Spaß ins Leben des Braunbären.

Braunbär und Specht: Beide gehen mit den Bedürfnissen des anderen liebevoll und sensibel um; sie dürften also ein gutes Paar abgeben.

Braunbär und Lachs: Obwohl ihre Anschauungen praktisch unvereinbar sind, bringen die beiden dank ihrer Warmherzigkeit ihre unterschiedlichen Einstellungen unter einen Hut.

Braunbär und Braunbär: Wenn sie sich gegenseitig ermutigen, ihre Ängstlichkeit abzulegen und ihre wahren Gefühle zu zeigen, kann diese Verbindung halten.

Braunbär und Krähe: Ein gutmütiges Paar, denn beide sind umgänglich und gerecht. Allerdings müssen sie etwas dafür tun, die Leidenschaft am Leben zu erhalten.

Braunbär und Schlange: Die beiden sind gern zusammen, doch die Intensität der Schlange kann dem Braunbären zuviel werden.

Braunbär und Eule: Eine stabile Partnerschaft voller Überraschungen, aber nicht unbedingt voller Leidenschaft.

Braunbär und Gans: Diese Beziehung beruht weniger auf der sexuellen Verbindung als auf Engagement und Anteilnahme.

Braunbär und Otter: Die beiden haben viel gemeinsam und können eine dauerhafte Partnerschaft aufbauen – allerdings nicht ohne Konflikte. Ihrem Liebesleben fehlt vielleicht die Würze.

Braunbär und Wolf: Eine für beide Seiten erfüllende und harmonische Beziehung, denn beide sind von Natur aus sensibel und sehr liebesfähig.

DAS RICHTUNGSTOTEM
DIE MAUS

DIE MAUS SYMBOLISIERT DEN EINFLUSS DES SÜDENS AUF BRAUNBÄR-GEBORENE, DIE DURCH EINSTIMMUNG AUF IHRE GEFÜHLE GRÖSSERE ERFÜLLUNG IM LEBEN FINDEN.

Die Zeit der Langen Tage, der Reife und der Ernte liegen auf dem Medizinrad alle in dem Viertel, das dem Süden bzw. dem Südwind zugeordnet ist.

Der Süden entspricht dem Sommer und der strahlenden Wärme der Mittagszeit; er steht für Vertrauen, Unschuld, Gefühlstiefe, einen Sinn für Wunder und Hoffnung. Die Kraft des Südens wirkt sich vorwiegend auf die Emotionen aus – sie liegt vor allem im Geben. Das Totem des Südens ist die sensible, neugierige und unscheinbare Maus.

Der besondere Einfluß des Südens auf Braunbär-Menschen zeigt sich in ihrem emotionalen Verständnis. Was immer sie auch tun, sie gehen es mit Leidenschaft und Gefühl an und schöpfen so ihr reiches

Krieger-Maus
Diese Kachina-Puppe der Hopi-Indianer stellt die Maus dar; sie soll emotionale Empfindsamkeit verkörpern.

Potential voll aus. Wichtig für sie ist auch die Entwicklung ihrer spirituellen und intuitiven Kräfte; sie führt zu einer Erweiterung des Bewußtseins über die physische Ebene hinaus.

MAUS-EIGENSCHAFTEN
Dank ihrem ausgeprägten Tastsinn reagiert die Maus besonders sensibel auf ihre Umgebung. So symbolisierte sie für die Indianer Nordamerikas die Fähigkeit der Wahrnehmung über Nähe und Fühlen. Weil sie recht klein ist, wird sie leicht übersehen – wie auch

wir oft die leise Stimme unseres wahren Inneren Selbst überhören. Die Maus steht außerdem für Neugier, den Wert der eigenen Erfahrung durch persönliches Erleben sowie für schnelles Lernen und eine zügige Entwicklung.

Menschen mit diesem Richtungstotem sind meist sehr sensibel und empfänglich für die Atmosphäre und die Stimmung anderer Menschen, mit denen sie zusammen sind. Sie sollten allerdings lernen, mehr auf ihre Gefühle zu achten, und sie mit ihrer inneren Weisheit und ihrer Vernunft in Einklang bringen. Ihr gutes Auge fürs Detail ermöglicht es ihnen, schnell zu lernen und sich zügig weiterzuentwickeln. Braunbär-Geborene sind sich auch der Tatsache bewußt, daß aus kleinen Anfängen Großes erwachsen kann.

Der Geist des Südens

Im Süden steht die Sonne im Zenit – ein Symbol der Lebensfreude; das Maus-Totem weist auf ein erhöhtes Wahrnehmungsvermögen hin.

DAS ELEMENTTOTEM
DIE SCHILDKRÖTE

WIE DIE SCHILDKRÖTE, DIE MIT AUSDAUER UND GEDULD IHREN WEG GEHT, ERREICHEN AUCH DIE VERTRÄUMTEN BRAUNBÄR-MENSCHEN SCHRITT FÜR SCHRITT IHR ZIEL.

Der Elementaspekt des Braunbären – wie auch der des Bibers und der Gans – ist Erde. Alle drei Zeichen gehören also zur gleichen Elemente-Familie bzw. zu einem ganz bestimmten »Klan« (s. »Der Einfluß der Elemente«, S. 20–21).

DER SCHILDKRÖTEN-KLAN

Das Totem jedes Klans gibt Einblick in die wesentlichen Eigenschaften. Das Totem des Elemente-Klans Erde ist die Schildkröte; sie steht für eine beharrliche, sorgfältige, praktische und methodische Natur.

Die Schildkröte ist ein freundliches Geschöpf, das sich langsam, aber stetig

Ganz auf der Erde
Die Schildkröte symbolisiert die Grundeigenschaften des Elements Erde: Beständigkeit und Ausdauer.

in seinem eigenen Tempo auf sein Ziel zubewegt. Menschen, die zu diesem Klan gehören, sind geduldig, stehen mit beiden Beinen »auf der Erde« und verfolgen ihre Ziele mit Ausdauer und Beharrlichkeit.

Sie sind konstruktiv und kreativ, arbeiten hart und sind auch bereit, Hindernisse zu überwinden, um ihre Ziele zu erreichen. Unordnung mögen sie gar nicht, und Veränderungen sind für sie eine Bedrohung. Sie können in manchen Situationen unflexibel und stur werden und brauchen Stabilität, um sich wohl zu fühlen.

ELEMENTPROFIL

Bei Braunbär-Menschen wird der vorherrschende Elementaspekt – beständige Erde – durch die Eigenschaften des Grundelements – emotionales Wasser – maßgeblich beeinflußt. Sie sind also meist sehr praktisch und zugleich schöpferisch veranlagt. Was sie auch anstreben, alles bezieht seine Kraft aus ihrer lebhaften Phantasie und ihren tiefen Gefühlen. Manchmal verlieren Braunbär-Menschen

Erde von Wasser
Das Element Erde nährt das Wasser, was praktische Veranlagung mit Phantasie verbindet.

– bedingt durch die Emotionalität des Wassers und die Beständigkeit der Erde – ihre wahren Ziele aus den Augen und verrennen sich in Details. Dann kann es vorkommen, daß sie nicht mehr weiterwissen und ihre Bedürfnisse und Gefühle nicht mehr klar ausdrücken können.

In solchen Zeiten oder wenn du dich niedergeschlagen und kraftlos fühlst, kann die folgende Revitalisierungs-Übung helfen: Such dir eine ruhige Stelle irgendwo im Wald, im Park oder Garten, abseits von Verkehrslärm und Hektik.

Als Braunbär hast du eine instinktive Verbindung zur Erde und zu Pflanzen. Stell oder setz dich also so hin, daß beide Füße fest auf der Erde stehen. Nimm einfach die natürliche Schönheit um dich herum wahr und laß sie auf dich wirken. So kann die einströmende Lebenskraft Körper, Geist und Seele mit Energie aufladen und erfrischen.

STEIN-AFFINITÄT
TOPAS

Mit Hilfe des Edelsteins, der mit unserem ureigenen Wesen in Resonanz steht, können wir uns die Kraft der Erde erschliessen und unsere inneren Stärken erwecken.

Edelsteine sind in der Erde entstandene Mineralien; dieser Prozeß verläuft äußerst langsam, aber kontinuierlich. Die Indianer schätzten diese Steine nicht nur wegen ihrer Schönheit, sondern auch weil sie buchstäblich Teil der Erde sind und so auch deren Lebenskraft in sich tragen. Für sie waren Edelsteine »lebendige« Energieleitsysteme, die auf unterschiedlichste Weise eingesetzt werden konnten – zum Heilen, zum Schutz oder zum Meditieren.

Jeder Edelstein hat eine spezifische Energie bzw. Schwingung. Auf dem Medizinrad wird jeder Geburtszeit ein Stein zugeordnet, dessen Energie in Resonanz steht mit dem Wesen der in dieser Zeit geborenen Menschen. Durch diese »Seelen-Verwandtschaft« kann der jeweilige Stein den Menschen in Harmonie mit der Erde bringen und sein inneres Gleichgewicht wiederherstellen. Er kann gute Eigenschaften verstärken und weiterentwickeln und dem Menschen die Fähigkeiten verleihen, die er benötigt.

Geschliffener Topas
Die Indianer verglichen den goldfarbenen Topas mit dem Schein der Sonne in der Morgendämmerung.

ENERGIERESONANZ

Braunbär-Menschen haben eine Affinität zum Topas, der in allen möglichen Farben vorkommt; goldgelbe und rosafarbene Steine gelten als die wertvollsten. Der Topas wird auch »der Stein des Erfolgs« genannt, denn er zieht positive Energien an, mit deren Hilfe Gedanken und Ideen in die Tat umgesetzt werden können. Die

DEINEN STEIN AKTIVIEREN

Der rohe oder polierte Topas wird unter fließendem kaltem Wasser gereinigt und sollte dann an der Luft trocknen. Danach führst du ihn mit beiden Händen zum Mund und bläst drei- bis viermal kräftig darauf, um ihn so mit deinem Atem zu »prägen«.

Jetzt nimmst du den Stein fest in die Hand und heißt ihn still als Freund und Helfer in deinem Leben willkommen.

In Problemsituationen oder wenn du dir über eine Angelegenheit Klarheit verschaffen willst, kannst du mit einem Topas darüber meditieren. Dazu suchst du dir ein ruhiges Fleckchen, an dem du eine Weile nicht gestört wirst, setzt dich hin und legst den Topas vor dich. Dann konzentrierst du dich völlig auf den Stein – auch bei geschlossenen Augen solltest du ihn noch vor dir sehen. Laß dir von deinem Seelen-Stein Klarheit bringen. Hör auf die leise Stimme deines Inneren Selbst.

Indianer betrachteten ihn als Stein der Hoffnung; in Form eines Elixiers heilten sie damit diverse Krankheiten und Hautprobleme. Der Topas soll auch die Angst vertreiben.

Braunbär-Geborenen kann der Topas vor allem helfen, ihre Gedanken klar auszudrücken. Außerdem vertreibt er das Gefühl des Eingeengtseins und zeigt neue, vielversprechende Möglichkeiten auf. Der Topas erhöht die Konzentrationsfähigkeit und damit auch die Chancen, die Ergebnisse zu erzielen, die der eigentlichen Begabung entsprechen. Er ist also gerade für den Braunbären, der seine eigenen Fähigkeiten gern unterschätzt, eine ausgesprochen wertvolle Unterstützung.

Die Macht des Topas

Trage einen Topas in einem Beutel bei dir, oder bewahre ihn zu Hause auf – seine Schwingungen stärken die Zuversicht.

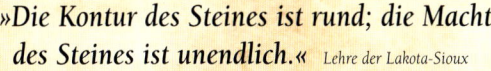

»Die Kontur des Steines ist rund; die Macht des Steines ist unendlich.« *Lehre der Lakota-Sioux*

BAUM-AFFINITÄT
WEISSBUCHE

Wer sich mit seinem »Seelen-Baum« verbindet, gelangt zu einem tieferen Verständnis seiner eigenen Natur und kann die in ihm schlummernden Kräfte wecken.

Bäume sind von großer Bedeutung für die Erhaltung der Natur und des atmosphärischen Gleichgewichts – eine wesentliche Voraussetzung für das Überleben der Menschheit.

Die Indianer bezeichneten Bäume als das »Stehende Volk«, denn sie stehen fest und sicher da und beziehen ihre Kraft aus der Verbindung mit der Erde. So lehren sie uns Menschen, wie wichtig es ist, geerdet zu sein und zugleich nach höheren Werten zu streben. Wer Bäume als lebendige Wesen achtet, kann mit ihrer Hilfe Einsicht in die grundlegenden Abläufe in der Natur und auch im eigenen Inneren gewinnen.

Auf dem Medizinrad wird jeder Geburtszeit ein bestimmter Baum zugeordnet, dessen Grundeigenschaften das Wesen der in dieser Zeit geborenen Menschen beeinflussen. Der Baum der Braunbär-Menschen ist die Weiß- oder Hainbuche. Dieser Baum – auch »der große Versorger« genannt – setzt seine geflügelten Samen in den Wind frei, wie Eltern ihre »Sprößlinge« in die Welt hinausschicken.

Der kräftige Baum wird als Windschutz sehr geschätzt. Er bietet weniger widerstandsfähigen Pflanzen Schutz, doch seine

DICH MIT DEINEM BAUM VERBINDEN

Schätze die Schönheit deines Seelen-Baumes; lerne seine Natur kennen, denn sie entspricht deiner eigenen.

Die Weißbuche ist ein Baum mit frischen grünen Blättern, die im Herbst in satten Gelb- und Orangetönen leuchten. Im Frühling blühen gelblich-grüne »Kätzchen«; im Herbst trägt sie Nüßchen mit dreilappigen Flügeln, so daß die Samen vom Wind davongetragen werden.

Die folgende Übung kann dir helfen, deine innere Kraft neu zu beleben: Du stehst neben deinem Seelen-Baum, legst die Handflächen an den Stamm und die Stirn auf die Handrücken. Dann atmest du langsam ein und spürst, wie die Energie aus den Baumwurzeln durch deinen Körper strömt. Du kannst dir auch einen Zweig oder ein Stück Holz deines Seelen-Baumes besorgen und zu Hause als Totem und Helfer aufbewahren.

Krone läßt die belebenden Sonnenstrahlen durchscheinen. Wenn Sorgen sie bedrücken, können Braunbär-Menschen über die Verbindung mit ihrem Seelen-Baum ihre Inspiration stärken (s. Kasten oben).

LOSLASSEN LERNEN

Braunbär-Geborene sind zuverlässige, praktische und rücksichtsvolle Menschen, unterschätzen allerdings oft ihre eigenen Fähigkeiten. Ihr Bedürfnis nach Sicherheit und Bequemlichkeit kann dazu führen, daß sie sich an Kleinigkeiten festhalten und so selbst einschränken, denn auf Unbekanntes lassen sie sich nicht gern ein.

Wie die Weißbuche ihre Samen dem Wind überläßt, muß auch der Braunbär-Mensch lernen, loszulassen und seinen Instinkten mehr zu vertrauen. Dann eröffnen sich ihm neue Möglichkeiten, sein Potential freizusetzen und all seine Talente voll und ganz zu genießen. So kann ihm die Verbindung mit der Kraft der Weißbuche zu größerer Freiheit verhelfen.

»Alle Heilpflanzen werden uns von Wakan-Tanka geschenkt; deshalb sind sie heilig.« Lehre der Lakota-Sioux

FARB-AFFINITÄT
BRAUN

WER SEINE POSITIVEN EIGENSCHAFTEN VERSTÄRKEN MÖCHTE, KANN MIT HILFE DER »SEELEN-FARBE« SEINEN EMOTIONALEN UND MENTALEN ZUSTAND GÜNSTIG BEEINFLUSSEN.

Jede Geburtszeit hat eine Affinität zu einer bestimmten Farbe, die am besten mit den Energien der Menschen harmoniert, die in dieser Zeit geboren werden. Diese Farbe hat einen positiven Einfluß auf die emotionale und mentale Ebene des Menschen; Farben, die nicht zur Seelen-Farbe passen, haben dagegen eher negative Auswirkungen.

Die Farbe der Braunbär-Menschen ist Braun. Diese Farbe besteht zu gleichen Teilen aus Orange und Violett und verbindet so die Eigenschaften beider Farben. Orange wird mit Energie, Enthusiasmus und Ehrgeiz gleichgesetzt, Violett steht für Macht und spirituelle Werte; Braun – als Kombination beider Farben – verkörpert Integrität, Sicherheit und Verläßlichkeit. Braun ist eine stärkende Farbe, die auf Gewissenhaftigkeit, Loyalität und einen methodischen Lebensansatz hinweist – allerdings auf-

Farbsystem
Braun oder Hellbraun sollte als Grundfarbe bei der Einrichtung vorherrschen – von den Möbeln und der Ausstattung bis hin zu Wänden und Böden.

MIT DEINER FARBE MEDITIEREN

Such dir einen kleinen Gegenstand aus Holz – eine Schale, eine Vase oder eine Schnitzerei. Stell ihn in einem Zimmer, wo du eine halbe Stunde lang nicht gestört wirst, auf einen Tisch, und setz dich davor.

Jetzt richtest du deine gesamte Aufmerksamkeit auf diesen Gegenstand. Dein Körper ist entspannt, dein Geist ausschließlich auf die Farbe konzentriert. Spür die Beschaffenheit der Farbe, nimm das Gefühl der Beständigkeit und Sicherheit wahr, das sie ausströmt. Mach dir jetzt ein bestimmtes Ziel bewußt, das du erreichen möchtest, oder ein Problem, das du seit einiger Zeit gern überwinden würdest. Laß alle Gedanken und Gefühle zu, die hochkommen, und denk darüber nach.

gelockert durch gelegentliche geistige Höhenflüge. Braun läßt auch an eine sichere Grundlage denken, von der aus langfristige Ziele erfolgreich angepeilt werden können.

FARBWIRKUNG

Mit Brauntönen – Hellbraun, Schokoladenbraun, Rehbraun – in der Wohnung können Braunbär-Menschen ihre Aura und ihre positiven Eigenschaften verstärken. Ein paar gut plazierte Farbtupfer machen schon einen großen Unterschied. Braungemusterte Vorhänge können beispielsweise die Atmosphäre im Zimmer verändern. Oder du stellst einen Strauß getrockneter Blumen in eine Bronze- oder Kupfervase.

Wer sein Selbstvertrauen stärken will, kann etwas Braunes tragen. Bei Erschöpfung hilft die oben beschriebene Farbmeditation, emotional ins Gleichgewicht zu kommen, die Kreativität anzuregen und sich einfach besser zu fühlen.

»Der Macht des Geistes sollte Ehre erwiesen werden mit seiner Farbe.« Lehre der Lakota-Sioux

DIE ARBEIT MIT DEM MEDIZINRA
DER LEBENSWEG

DAS GEBURTSPROFIL KANN ALS AUSGANGSPUNKT FÜR DIE CHARAKTERLICHE ENTWICKLUNG UND DEN WEG ZU PERSÖNLICHER ERFÜLLUNG BETRACHTET WERDEN.

Jede der zwölf Geburtszeiten entspricht einem bestimmten Lernprozeß bzw. bestimmten »Lektionen«, die uns das Leben abverlangt. Wer sich auf diesen Lernprozeß einläßt, kann Stärken statt Schwächen entwickeln, in größerer Harmonie mit der Welt und den Menschen leben und zu innerem Frieden finden.

DER LERNPROZESS DES BRAUNBÄREN

Die erste Lektion für Braunbär-Menschen besteht darin, ihre Träume und Wünsche in die Wirklichkeit umsetzen zu lernen. Sie haben durchaus originelle Ideen und eine lebhafte Phantasie. Doch leider verwirklichen Braunbär-Geborene viele ihrer Vorstellungen nie – entweder unterschätzen sie deren wahren Wert oder finden keinen Platz dafür in ihrem Leben. Mit der nächsten guten Idee sollten sie also respektvoller umgehen, sie genau analysieren und die verschiedenen Möglichkeiten der Umsetzung

> »Der Weg jedes Menschen zeigt sich in seinem Herzen. Dort sieht er die ganze Wahrheit des Lebens.« *Lehre der Cheyenne*

durchdenken. Wenn sie ihre Träume »auf den Boden holen«, lassen sie sich viel leichter in ihr Leben einbeziehen.

Braunbär-Menschen müssen außerdem lernen, wann Veränderungen im Leben angesagt sind. Sie hängen an ihren Gewohnheiten, haben mit Veränderungen nichts am Hut, und das Vertraute ist ihnen wesentlich lieber als das Neue. Und so bleiben sie bei ihrer Routine und ihren gewohnten Verhaltensmustern, selbst wenn diese längst überholt sind. Sie sollten einmal überlegen, ob ihr Leben in den wesentlichen Bereichen noch befriedigend ist oder ob ein paar Veränderungen guttun würden.

Die dritte Lektion des Braunbären heißt: keine Angst mehr vor starken Gefühlen! Wenn Gefühle hochkommen, werden sie gern hinter einer Maske der Gleichgültigkeit versteckt. Dann wirken Braunbären leicht kühl und unnahbar, unnötige Mißverständnisse und Verwirrung sind die Folge. Der Braunbär muß also seine Angst überwinden und lernen, seine wahren Gefühle zum Ausdruck zu bringen.

DIE ARBEIT MIT DEM MEDIZINRAD
DIE MACHT DER MEDIZIN

DIE KRAFT DER ANDEREN ELF GEBURTSZEITEN SOLLTE GENUTZT WERDEN, UM SCHWÄCHEN IN STÄRKEN ZU TRANSFORMIEREN UND DEN HERAUSFORDERUNGEN DES LEBENS ENTGEGENZUTRETEN.

Auf dem Medizinrad ist das ganze Spektrum menschlicher Eigenschaften und Fähigkeiten repräsentiert. Die Totems und Affinitäten jeder Geburtszeit weisen auf die Grundeigenschaften der in dieser Zeit geborenen Menschen hin.

Wer wissen möchte, welche seiner Persönlichkeitsaspekte gestärkt werden müßten, sollte sich zuerst mit seinem »Lernprozeß« befassen (s. S. 42–43). Danach läßt sich anhand der anderen Geburtszeiten herausfinden, welche Totems und Affinitäten bei dieser Aufgabe helfen könnten. Das Elementprofil des Braunbären ist Erde von Wasser (s. S. 34–35); zum Ausgleich brauchen Braunbär-Geborene die Freiheit und Klarheit der Luft und die Leidenschaft des Feuers. Das Elementprofil des Hirsches ist Luft von Feuer, das des Falken Feuer von Feuer; über diese Geburtstotems sollten Braunbär-Geborene meditieren. Auch die Profile der beiden anderen Zeichen des eigenen Elemente-Klans können hilfreich sein – Biber und Gans; so läßt sich herausfinden, wie der gleiche Elementaspekt unterschiedlich zum Ausdruck kommen kann.

Eine weitere Hilfe kann das gegenüberliegende Geburtstotem (Polaritätstotem) sein; es weist charakteristische Eigenschaften auf, die das eigene Totem ergänzen können. Das ist die sogenannte »Komplementär-Affinität«, für den Braunbären also der Wolf.

Komplementär-Affinität
Eine wesentliche Stärke des Wolfes ist sein Blick für das Ganze, der dem Braunbären oft fehlt.

WESENTLICHE STÄRKEN

Nachfolgend werden die wesentlichen Stärken der einzelnen Geburtstotems beschrieben. Wer eine schwach ausgebildete oder in einer bestimmten Situation benötigte Eigenschaft verstärken möchte, kann über das Geburtstotem meditieren, das diesem Wesenszug entspricht. Beschaff dir etwas, was dieses Totem verkörpern kann – eine Klaue, einen Zahn, eine Feder, ein Bild oder einen Ring. Laß so die Kraft, die es symbolisiert, zu deiner eigenen werden.

Falken-Medizin steht für die Kraft der scharfen Beobachtung und die Fähigkeit, entschlossen und tatkräftig zu handeln, wann immer das nötig ist.

Biber-Medizin entspricht der Gabe des kreativen und lateralen Denkens; so lassen sich alternative Möglichkeiten entwickeln, Dinge zu betrachten oder zu tun.

Hirsch-Medizin zeichnet sich aus durch ein sicheres Gespür für die Absichten anderer Menschen und für alles, was dem eigenen Wohlbefinden schaden könnte.

Specht-Medizin beinhaltet die Fähigkeit, einen beständigen Rhythmus im Leben zu entwickeln und beharrlich das zu schützen, was einem lieb und teuer ist.

Lachs-Medizin steht für die Stärke, entschlossen und mutig seine Ziele auszuwählen und genug Ausdauer aufzubringen, um eine Aufgabe bis zum Ende zu verfolgen.

Braunbär-Medizin verkörpert große Energie und die Fähigkeit, hart zu arbeiten, in Zeiten der Not anderen ein verläßlicher Freund zu sein und aus seiner inneren Kraft zu schöpfen.

Krähen-Medizin entspricht der Fähigkeit, negative oder unproduktive Situationen in positive zu transformieren und Grenzen zu überschreiten.

Schlangen-Medizin steht für das Talent, sich veränderten Umständen leicht anpassen zu können und Übergangsphasen gut in den Griff zu bekommen.

Eulen-Medizin beinhaltet die Kraft, in Zeiten der Unsicherheit klar zu sehen und sein Leben konsequent nach seinen langfristigen Plänen auszurichten.

Gans-Medizin entspricht dem Mut, sich seine Ideale unter allen Umständen zu bewahren und sich im Leben an seine Prinzipien zu halten.

Otter-Medizin verkörpert die Fähigkeit, sich mit seinem Inneren Kind zu verbinden, innovative und idealistische Ansätze zu vertreten und die Routine des Alltags voll und ganz zu genießen.

Wolf-Medizin steht für den Mut, sich eher nach seiner Intuition und seinem Instinkt zu richten als nach seinem Intellekt und Mitgefühl für andere Menschen aufzubringen.